AF224218

LA VIE

DE

SIMON VIGOR

Docteur de la Maison de Navarre,
Archevêque de Narbonne, tirée
de l'Histoire du College Royal
de Navarre.

SIMON VIGOR, natif d'Evreux, eſt ſorti d'une Famille très-recommandable, tant par la probité de ſes mœurs, que par le rang quelle tenoit dans la Province. Vers l'an 1520, il vint à Paris, où il s'appliqua aux belles lettres avec tant de ſoin, que bientôt il acquit une parfaite connoiſſance des langues Latine,

A

Greque, Hebraique, & des Arts
liberaux ; il étudia enſuite la
Theologie, & y fit un ſi grand
progrès, que nulle Science, ſi
élevée qu'elle fût, n'échapa à la
vivacité de ſongrand genie. L'an
1540, il fut reçû de la Maiſon
de Navarre ; la même année il
fut élû Recteur de l'Univerſité ;
il s'acquitta ſi bien de ſon de-
voir dans cette Dignité, qu'il ſe
fit une grande reputation dans
le monde. L'an 1545, étant le
premier de ſa Licence, il reçût
le Bonnet de Docteur. Quelque
tems après, l'Evêque d'Evreux
le choiſit pour être ſon grand Pe-
nitencier : revêtu de ce Caracte-
re, il fit bientôt voir qu'on le
nommeroit un jour avec raiſon
la lumiere & l'appuy de l'Egliſe
Gallicane, & le veritable fleau
des heretiques. Cet employ oc-

cupoit trop peu Simon Vigor, il
employoit le reste de son tems,
tantôt à prêcher & à instruire les
Peuples, tantôt à refuter les erreurs de Luther & de Calvin ; il
eût tant de bonheur dans ces
deux entreprises, & s'y acquit
tant de reputation, que le Peu-
ple couroit à l'envi pour l'enten-
dre, les Eglises même dispu-
toient vivement entr'elles à qui
obtiendroit ce grand Predicateur. Je ne finirois point si je vou-
lois rapporter tous les differens
endroits, où il donna des mar-
ques de son zele ; il annonça la
parole de Dieu presque par toute
la France ; ceux qui voudront
faire attention aux travaux de
Simon Vigor, ne pourront s'i-
maginer que ce soit l'ouvrage
d'un seul homme, mais bien l'oc-
cupation de toute la vie de plu-

fieurs. Mais comme je ne puis
dans un fi petit tableau donner
une idée affez étenduë du cara-
ctere de ce grand Homme, je
parlerai feulement de Paris, de
Roüen, & de Mets, où il ramena par fes predications autant
de perfonnes dans le fein de l'E-
glife & dans le chemin des ver-
tus chrétiennes qu'il eût d'auditeurs. Cependant jufqu'à l'année
1553, il ne s'étoit occupé qu'à
prêcher contre ceux qui avoient
des fentimens contraires à la Religion Catholique, mais pour
lors il difputa contre eux, & l'E-
vêque d'Evreux fut fi content
des principes dont il fe fervit
pour les combattre, qu'il le choi-
fit pour examiner la foy de Guillaume Neele, qui vouloit intro-
duire des nouveautez dans la
Religion. Au refte il montra par

un exemple singulier envers ses
proches, & certainement digne
d'être rapporté dans toutes les
langues des Païs où on fait pro-
fession de la Religion Catholique, de quelle façon il étoit Dé-
fenseur de la Communion Romaine, car il eût quelques Parens dans la Ville d'Evreux, im-
bus des nouvelles erreurs , auf-
quels il défendit l'entrée de sa
maison, tant qu'ils eurent des
sentimens contraires à la Foy
Orthodoxe. L'an 1559, le 23.
Décembre, Anne du Bourg,
Conseiller au Parlement, con-
vaincu d'heresie, fut condamné
à la mort; Simon Vigor l'assista
jusqu'à la fin, & quoiqu'il fit, il
ne pût jamais le faire revenir de
ses erreurs, c'est ce qu'il temoi-
gne lui-même dans le Sermon
qu'il prêcha sur la Passion de Je-

sus-Christ, le jour du Vendre-
dy Saint. Ensuite il fut envoyé
par Charles IX. au Concile de
Trente, tant en qualité de Docteur, que pour y accompagner
Gabriël le Veneur, Evêque d'E-
vreux ; il y fit paroître une profonde érudition, & s'acquitta
facilement lui seul de l'emploi
que deux autres personnes auroient eû bien de la peine à soûtenir, ce qui lui acquit une très-
grande reputation. A son retour
il quitta les fonctions qu'il avoit
dans l'Eglise d'Evreux, afin
qu'étant delivré de tout soin, il
pût s'appliquer uniquement à
prêcher l'Evangile, refuter les
heresies, & enseigner aux Peuples les articles de Foi décidés
dans ce Concile. Un Homme
d'une si haute estime ne pouvoit
être long-tems sans quelque Di-

gnité Ecclefiaftique, on le fit
Theologal de l'Eglife de Paris &
Curé de S. Paul; Dignitésquibien
loin de le détourner des grands
deffeins qu'il avoit, lui en faci-
literent l'execution. Quoique
l'on doive avec raifon eftimer
tout ce qui eft contenu dans les
Sermons de Vigor, on doit faire
une attention particuliere fur ce
qu'il dit de la réfidence des Pafteurs dans leurs Eglifes. Il quitta
la fienne de S. Paul pour quelque tems & alla prêcher felon la
coûtume un Carême à Amiens.
Mais à fon retour prêchant le
jour de la Quafimodo la réfidence des Pafteurs en leurs Eglifes,
il s'excufa à fes Auditeurs d'avoir
quitté la fienne, en ces termes:
Celui qui abandonne fon Eglife
doit prendre fa confcience pour
Juge, je ne dis pas cela fans rai-

son; on peut avoir trouvé mauvais que je me sois absenté de la mienne pendant le Carême dernier, mais j'atteste le grand Dieu tout-puissant, & je croi en conscience qu'il a voulu se servir de moi en ce saint tems pour ramener dans le sein de l'Eglise plus de 800. heretiques, & j'ai eu avis qu'il ne restoit à Amiens que 42. huguenots, qui par leur obstination sont demeurés dans l'erreur. L'an 1566, Simon Vigor & Claude de Saintes, disputerent publiquement à Paris contre Spina & Rosiere, les deux plus puissants Ministres des huguenots, ce qui acquit à ces deux Docteurs une gloire immortelle: Genebrad fait mention de cette dispute dans le quatriéme livre de sa Chronographie, de cette sorte: Spina & Rosiere, Minis-

ſtres, ayant eû une conference à
Paris touchant la religion avec
Simon Vigor & Claude de Saintes, tous deux Docteurs en Theologie furent honteuſement vain-
cus, & leurs fournirent un tel ſu-
jet de triomphe, que dans l'aſ-
ſemblée ſuivante des Calviniſtes,
il fut arrêté que l'on n'auroit
plus de conference avec les Catholiques. Je ne m'arrêterai pas
de peur d'être trop long à rapporter le nom de tous les grands
Hommes avec leſquels Vigor
avoit lié une étroite amitié, je
parlerai ſeulement du Cardinal
Hoſius, Evêque de Vvarmie, &
de François Turrian, ſi connus
de toute la terre par leur profonde érudition ; Jean Maldonat
rend un témoignage bien fidele
de l'un & de l'autre : Voilà ce
qu'il rapporte d'une lettre de

Turrian écrite au Cardinal Hofius ; j'ai montré, dit-il, comme
vous me l'avez mandé, les lettres de votre Eminence à Simon
Vigor, il m'a chargé de la re-
mercier de fa part, très-ample-
ment & très-refpectueufement ;
il eft prefentement aux environs
de Paris, dans une Maifon Roya-
le, où il s'eft retiré depuis quelques jours pour travailler avec
plus de tranquilité à une repon-
fe qu'il doit faire aux Miniftres
contre lefquels il a difputé l'an
paffé, & de celle d'Hofius à
Turrian : J'ai confulté, dit-il,
Simon Vigor, Archevêque de
Narbonne, & Claude de Saintes,
gens très-doctes, & tous deux
de vos amis. C'eft ainfi que la
reputation de Vigor fe répandit
à Rome, & par toute la Pologne.
Quoiquil fût Predicateur du Roi

& qu'il eût ses entrées chez les Princes, la Cour ne changea rien à ses mœurs ny à sa conduite, il ne contracta aucun des défauts si ordinaires aux Courtisans; le gouvernail d'un Vaisseau toujours battu des flots, ny l'or autrefois d'Yonie ne furent pas plus purs. Jean Christi, Theologien de Paris, qui l'avoit connû à fond, le nomme avec grande raison Homme très-sçavant, très-prudent, trés-sincere, & l'ennemi capital de la flaterie & du mensonge; outre cela le même Autheur dans une énumeration qu'il fait à Jacques de Billi, de quelques ouvrages de Simon Vigor, lui apprend comment l'an 1572. il parvint à l'Archevêché de Narbonne; la réputation, dit-il, de Simon Vigor faisoit tant de bruit dans le monde chrêtien , tant par le grand zele qu'il avoit à défendre la Religion catholique contre les heretiques , que par sa profonde érudition , que Gregoire XIII. après la mort du Cardinal de Ferrare à Rome, lui donna l'Archevêché de Narbonne , lorsqu'il y pensoit le moins, & qu'il étoit occupé aux fonctions de sa Cure de S. Paul, ce que Genebrad rapporte aussi en ces termes : Le Pape connoissant la vertu & la profonde doctrine de Simon Vigor , lui a donné l'Archevêché de Narbonne au grand regret des Courtisans. Outre la grande réputation & l'estime qu'il s'étoit acquis, il avoit paru avec éclat au Concile de Trente, & s'étoit fait connoître particulierement de Gregoire XIII. qui pour lors s'appelloit Hugues

Boncompagne , Evêque de Pes-
te : Ce Pape le prefera à tous les
Theologiens de Paris qu'il avoit
connû , le croyant plus propre à
conduire les peuples dans la
voye du salut. Aussitôt qu'il fut
sacré il partit pour Narbonne ,
étant persuadé que Dieu exige
des Evêques une résidence con-
tinuelle dans leurs Dioceses , &
de l'assiduité dans leurs Ministe-
res : ny son grand âge , ny sa
santé , ny ses parens , & toutes
les habitudes & amis qu'il avoit
à Paris , raisons qui éloignent
très-souvent le départ de ses sem-
blables , ne retarderent pas d'un
seul moment le sien ; il fit plus ,
il avoit un si grand zele pour la
gloire de Dieu & de son Eglise ,
qu'il emmena avec lui plusieurs
fameux Theologiens , à qui il
fit de très-grands avantages , &

y employa presque tout son re-
venu, esperant qu'avec ce se-
cours il viendroit facilement à
bout de couper les racines de
l'heresie, & qu'il remettroit sur
l'ancien pied la Religion catholique dans son Diocese, qui a-
voit beaucoup souffert pendant
l'absence du Cardinal de Ferrare son Predecesseur. Il remplit
tous les devoirs apostoliques non
seulement dans Narbonne, mais
aussi dans les autres Eglises de la
Province. Il ne cessa point de
travailler, & ne voulut jamais
revenir ny à Paris ny dans sa pa-
trie. Je ne puis me dispenser de
rapporter ici ce que plusieurs
sçavants Hommes disent de lui;
Jean Cottereau Theologien le
surnomme la brillante Lumiere
de la faculté de Theologie, Mar-
guerin de la Bigne l'appuy de

l'Eglise Gallicane, Barthelemy Faye, Président aux Enquêtes, le qualifie du nom de Theologien d'une profonde doctrine & d'une insigne pieté, André du Val l'appelle le parfait modéle de doctrine & de pieté & le soûtien de l'Eglise Romaine, voilà aussi ce que Hemare Hennequin Evêque de Rennes en dit dans l'Epître, où il dedie à Gregoire XIII. les livres qu'il fit imprimer des céremonies de la Messe composés par le Pape Innocent III. Je prie le Dieu tout-puissant qu'il me fasse la grace de soûtenir avec dignité les favorables sentimens que plusieurs grands Hommes pieux & trés-sçavans ont inspiré de moi à votre Sainteté, entr'autres le trés docte & trés-éminent Theologien Simon Vigor Archevêque de Narbonne, l'Athanafe ou l'Hilaire de notre tems, mort depuis trois années, mais dont la memoire fe confervera dans tous les fiecles.

Nous avons de lui cinq tomes de Sermons en françois, que Jean Chrifti Docteur de la Faculté de Theologie de Paris a recüeilli, & qu'il a fait imprimer aprés fa mort.

Le premier tome contient les Sermons du trés-Saint Sacrement de l'Autel pour tous les jours de l'Octave de la Fête de Dieu, prêchés devant le Roi dans l'Eglife Notre-Dame de Paris, imprimés à Paris, en 1585. chez Thomas Brumen, *in octavo.*

Le fecond tome contient les Sermons pour tous les jours du Carême & les Fêtes de Pâques, qu'il prêcha dans l'Eglise de S. Etienne du Mont, ausquels on en a ajoûté deux autres, l'un pour le jour des Rameaux, & l'autre pour le quatriéme samedy du Carême, imprimés à Paris, en 1586. chez Guillaume Bichon, *in octavo.*

Le troisiéme tome contient les Sermons du symbole des Apôtres, & des Evangiles des Dimanches & des Fêtes de l'Avent, prêchés dans l'Eglise de S. Mederic à Paris, ausquels on a ajoûté quatre Sermons sur le Purgatoire contre les heretiques de ce tems-là; imprimés à Paris en 1588. chez Thomas Brumen, *in octavo.*

Le quatriéme tome contient les Sermons des Dimanches & Fêtes de l'année, depuis l'Octave de Pâques jusqu'à l'Avent, imprimés à Paris, en 1588. chez Thomas Brumen, *in octavo.*

Le cinquiéme tome contient les Sermons des Dimanches & Fêtes depuis l'onziéme Dimanche aprés la Trinité jusqu'au Carême, imprimés à Paris, en 1588. chez Thomas Brumen, *in octavo.*

L'Oraison funebre en françois d'Elisabeth de France Reine d'Espagne, prononcée dans l'Eglise de Notre-Dame de Paris, en l'an 1568. le 25. Octobre. En 1571. il prononça l'Oraison funebre de Mathurin de la Sauffaye, Evêque d'Orleans, mais je ne sçai si cette Oraison a été imprimée.

Je n'ai pû voir la dissertation dont parle André du Val dans la premiere partie du livre qu'il a composé sur l'autorité du Pape;

cette sçavante differtation, dit-il, nous fait affez connoître que Simon·Vigor a été un exemple de doctrine & de pieté, & l'appuy de l'Eglife Romaine, il l'eut avec les principaux Miniftres des heretiques, elle lui attira l'applaudiffement general des Catholiques : Dés qu'elle fut imprimée, elle retint plufieurs chancellants dans la vraye Religion, & en ramena heureufement beaucoup d'autres qui s'en étoient écartés, mais je crains qu'il ne prenne cette differtation pour la conference qu'il eût avec Spina & Rofiere.

Simon Vigor mourut dans une extrême vieilleffe à Carcaffone, l'an 1575, défendant la Religion contre les heretiques ; il n'épargna rien tant qu'il vecût pour la gloire de Dieu & de son Eglife.

On voit dans les archives de la Maison de Ville de Carcaſſone, que le 9. du mois d'Octobre de l'année 1575, on y fit des prieres publiques, & une proceſſion generale à laquelle le Clergé régulier & ſeculier des deux Villes aſſiſta pour prevenir les malheurs dont le manifeſte du Duc d'Alençon menaçoit la Religion. Simon Vigor Archevêque de Narbonne, l'un des onze Docteurs députez par Charles IX. au Concile de Trente, s'y trouva, & enſuite prêcha dans l'Egliſe Paroiſſiale de S. Michel, ſur les malheurs du tems, avec tant de force & d'éloquence, que tous ſes auditeurs auroient ſacrifié leur vie pour la défenſe de la Foi. Le 12. du même mois les Calviniſtes s'emparerent de Guilhan & du Châ-

teau, petite Ville dans le Diocese d'Aleth ; ce Prelat en fut si
affligé qu'il en tomba malade
dans la Maison Episcopale, &
mourut quelques jours aprés,
agé de plus de 79. ans. Il fut in-
humé dans l'Eglise Cathedrale
de Carcassonne.

FIN.

www.ingramcontent.com/pod-product-compliance
Lightning Source LLC
Chambersburg PA
CBHW061640050726
47595CB00007B/3258